I0101319

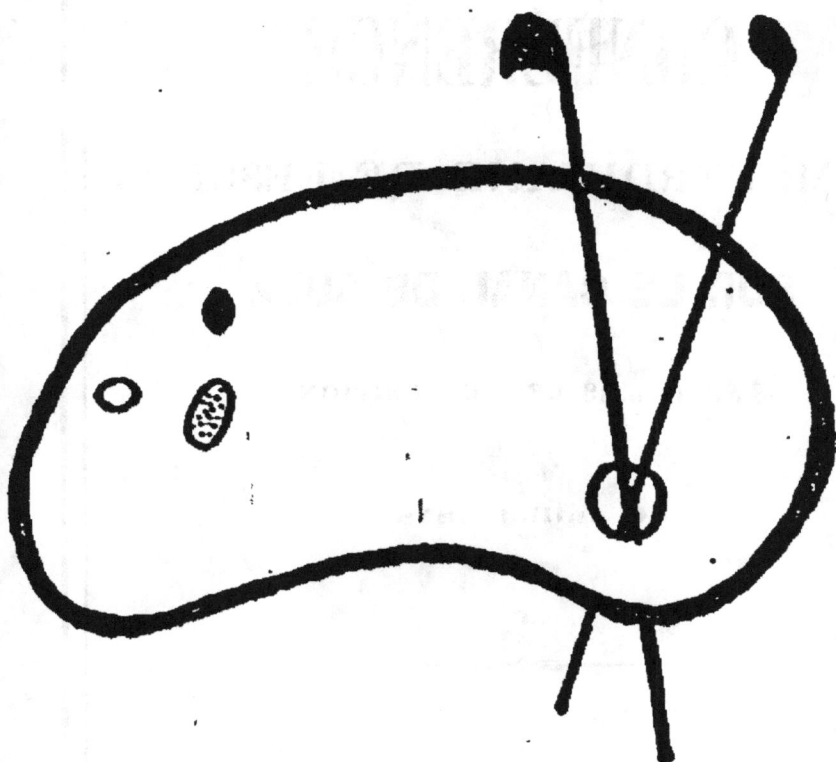

DEBUT D'UNE SERIE DE DOCUMENTS
EN COULEUR

CONFÉRENCE

DE M. FERDINAND DE LESSEPS

SUR LE CANAL DE SUEZ

AU PALAIS DE L'EXPOSITION

6 Juillet 1878

PARIS

IMPRIMERIE TYPOGRAPHIQUE DE A. POUGIN

13, QUAI VOLTAIRE, 13

1878

159.

O $\frac{3}{b}$
59

PARIS. — TYPOGRAPHIE A. POUGIN, 13, QUAI VOLTAIRE. — 1880

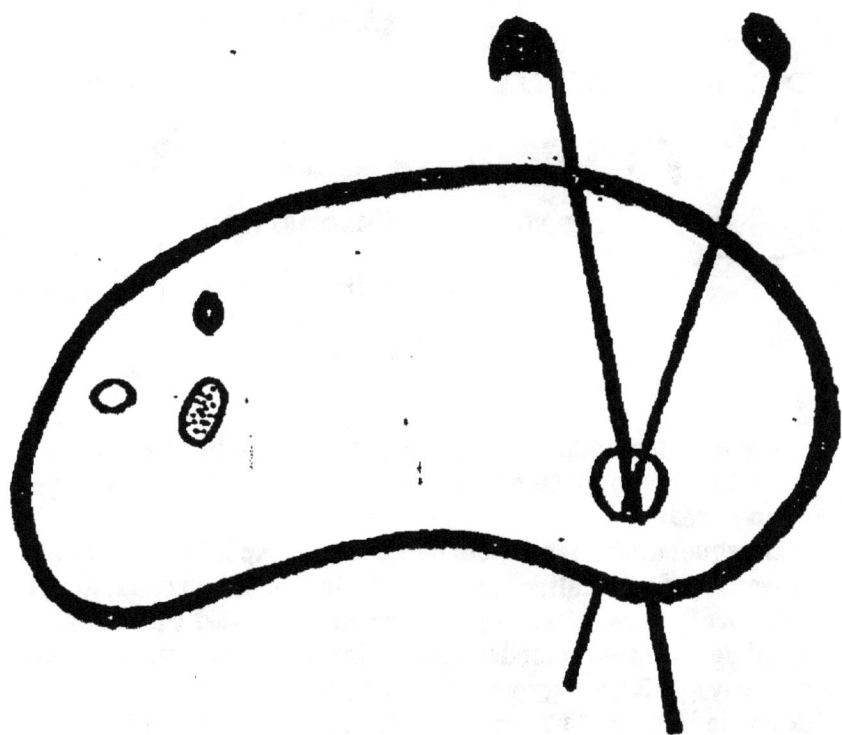

FIN D'UNE SERIE DE DOCUMENTS
EN COULEUR

CONFÉRENCE

DE M. FERDINAND DE LESSEPS

SUR LE CANAL DE SUEZ

AU PALAIS DE L'EXPOSITION

6 JUILLET 1878

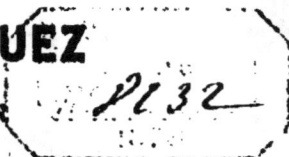

On m'a demandé de faire aujourd'hui une histoire abrégée des antécédents du Canal et des moyens qui ont été employés pour le réaliser.

Lorsque au commencement de ce siècle, l'expédition du général Bonaparte fit connaître la possibilité de creuser un canal du Nil à la mer Rouge, c'est-à-dire l'ancien canal des Pharaons, ce canal devait se déverser dans le bassin des lacs amers. Hérodote, qui voyageait en Egypte sous la dynastie persane, lui avait donné la largeur de 70 coudées, dont nous avons vérifié l'exactitude. Les auteurs arabes racontent que les premiers travaux de ce canal avaient eu lieu du temps d'Abraham, le Pharaon régnant à cette époque ayant voulu, pour être agréable à la femme du patriarche, faire communiquer par eau l'Egypte avec l'Arabie.

La question en était encore à ce point, lorsque les événements politiques m'ayant fait des loisirs, par suite de ma démission de ministre plénipotentiaire en activité, je me mis à étudier le mémoire du canal des deux mers, dans le grand ouvrage de l'expédition d'Egypte. Je voulus d'abord me rendre compte du mouvement que produirait le commerce de l'Inde et de la Chine, et je reconnus que, tous les dix ans, les échanges augmentaient dans une grande proportion.

Quand Saïd-Pacha, en 1854, arriva au pouvoir, j'étais libre. Il m'engagea à lui rendre visite, au début de son règne. Je lui développai mes idées, je lui indiquai mon projet en l'accompagnant d'Alexandrie au Caire, par le désert lybique ; il l'adopta ; pouvant tout faire par lui-même, il m'accorda la concession dont nous avions posé les bases. Mais, au lieu de garder le secret pendant quelque temps comme je le lui avais demandé, il réunit les consuls généraux à son arrivée au Caire et leur raconta notre projet, ce qui lui valut les compliments de tous les gouvernements ; il n'y eut que l'Angleterre qui lui fit des remontrances. Il remercia les représentants des principales puissances et répondit à l'agent anglais qu'il allait commencer son dossier du Canal, qu'il mettrait d'un côté les approbations, de l'autre les désapprobations, et qu'il chargerait la civilisation de trancher la question.

Il m'avait logé dans un palais voisin du sien; ce palais était destiné à la résidence des étrangers et il avait justement été occupé par l'ancien Institut d'Egypte. C'était dans ce même palais que Monge avait proposé un projet dont les études furent confiées à l'ingénieur Lepère.

Saïd-Pacha m'annonça que la nouvelle de notre convention avait causé un grand émoi en Angleterre. Il dut répondre au représentant britannique qu'il m'avait chargé de faire les études préparatoires et que l'on verrait plus tard si les études permettaient ou non la réalisation du projet. L'Angleterre s'adressa alors au gouvernement français, dont la réponse envoyée à Londres par le ministre des affaires étrangères, M. Walewski, fut tellement précise, que le cabinet de lord Palmerston crut devoir, pendant quelque temps, garder l'expectative. Je pus donc, sans difficulté, m'occuper avec deux ingénieurs français au service de l'Egypte, MM. Linant de Bellefonds et Mougel, de la visite de l'isthme et de la rédaction d'un avant-projet. Nous avons parcouru les endroits que vous avez sous les yeux dans le tableau si intéressant fait par MM. Rubs et Chaperon.

En partant du Caire, nous avons d'abord établi notre campement à l'endroit où se réunissent les caravanes des pèlerins de la Mecque. De là, nous nous sommes dirigés sur Suez, où nous étions le 31 décembre 1834. Le 1er janvier, nous nous sommes mis en marche en suivant le lit de l'ancienne ouverture qui faisait communiquer la mer Rouge avec les lacs Amers. Nous avions un troupeau de moutons que nous faisions marcher en avant et une trentaine de chameaux chargés de barils d'eau. Cette eau était toujours bien gardée, car c'était notre moyen d'existence pour deux ou trois semaines.

Le lendemain matin, nous avons vu le phénomène du mirage. La plaine des lacs Amers, alors entièrement desséchés, était saturée par les premiers rayons du soleil et reproduisait tous les objets placés à l'horizon. Nous avions devant nous le même spectacle que nous avons retrouvé 25 ans après, le 19 novembre 1869, lorsqu'une flotte de 80 navires traversait le bassin des lacs Amers, où nous avions introduit depuis six mois deux milliards de mètres cubes d'eau.

Notre première caravane alla camper près du puits appelé Bir Abou Ballah, là où vous voyez des cultures au milieu du désert. C'est à cet endroit, disent les pasteurs de la terre de Gessen (pâturages), que de tout temps les Syriens se sont rencontrés avec les Egyptiens pour échanger les denrées de la Syrie contre les dattes d'Egypte. — Bir Abou Ballah veut dire, en arabe, Puits du père des Dattes. — La tradition a marqué ce lieu comme étant le point de rencontre entre Jacob, venant de Syrie, et son fils Joseph, venant de *Tsane*, résidence des Pharaons, sur les bords du lac Menzaleh.

Nous avons ensuite dirigé notre caravane vers les ruines de Péluse. Le passage était quelquefois difficile dans la plaine de Péluse qui autrefois était très-cultivée et dans laquelle existent des fondrières où des caravanes ont été englouties.

Nous avons ensuite envoyé un ingénieur qui a fait le sondage de la côte pour savoir où l'on pourrait trouver le point le plus rapproché de la mer donnant une profondeur de huit mètres. Dans la baie de Péluse, il aurait fallu aller jusqu'à 6,000 mètres. M. Larousse nous fit plus tard connaître un endroit où l'on pouvait ne construire que des jetées de 2,700 à 3,000 mètres, au lieu de 6,000. Nous avons porté notre grande jetée de l'ouest, à Port-Saïd, à 3,000 mètres et nous nous sommes mis à l'abri de l'invasion des sables. Il était donc démontré qu'on pouvait exécuter les travaux. Mais la politique adverse commença sa campagne d'opposition.

Il faut toujours, lorsqu'on veut appeler des capitaux pour une entreprise, l'étudier longuement avant de les y engager, parce qu'autrement l'on se tromperait et l'on tromperait les autres. Le vice-roi nous fit sur son trésor un budget de 30,000 fr. par mois. Cette assistance nous a été donnée pendant quatre années, lorsque nous eûmes épuisé pour les études et travaux préparatoires une somme de 500,000 francs, avancée par une réunion de parents et d'amis, s'engageant à ne rien réclamer en cas d'insuccès. C'est de cette manière qu'a été formé le groupe des membres fondateurs et le motif pour lequel le vice-roi d'Egypte en raison de ses avances de 2,500,000 francs, qui lui ont été remboursés lors de la formation de la Compagnie, a eu droit dans la constitution de la Société à une répartition de 15 pour cent sur les bénéfices nets.

Nous avons employé cinq années à faire les études dans l'isthme, sous la tente, mais il avait fallu d'abord étudier le Canal dans le cabinet, en France, pendant quatre années, avant de remuer une seule pelletée de terre ou de sable pour commencer le Canal.

Lorsque les études préparatoires eurent été terminées, j'ai demandé à chaque gouvernement de m'envoyer à Paris le premier ingénieur du pays. Douze grands ingénieurs se sont trouvés réunis à mon troisième étage de la rue Richepance : aucun d'eux n'a voulu recevoir un centime. C'est ainsi que l'entreprise a commencé. Après examen de l'avant-projet, la commission supérieure se mit d'accord au point de vue de la science. C'était à la fin de 1855. On nomma une sous-commission qui fut chargée de visiter l'Egypte. Nous recommençâmes avec elle le même parcours que j'avais déjà exécuté en 1854. Nous déterminâmes à Port-Saïd le point où les bâtiments pouvaient accoster. La plage va en s'inclinant très-légèrement. La branche du Nil qui débouche à Damiette n'amène pas un seul grain de sable, contrairement à ce que l'on avait prétendu ; notre ingénieur hydrographe, M. Larousse, a reconnu le fait. Le sable du Nil se dépose dans sa longue traversée de 4,000 kilomètres. Les sables qui voyagent sur les côtes proviennent des vagues qui, depuis des millions d'années avant la création de l'homme, triturent les côtes et forment des galets qui, se remuant entre eux, constituent le sable que le vent et les vagues poussent sur les plages : le soleil sèche ce sable destiné à former les dunes des côtes et dont les parties les plus légères sont enlevées jusque dans l'intérieur des terres.

La Commission supérieure des ingénieurs européens rédigea un magnifique rapport qui concluait à la parfaite possibilité de l'ouverture du canal d'une mer à l'autre sans écluses.

Il fallait faire une propagande en Angleterre où le public commençait à se montrer favorable.

Lord Palmerston me dit un jour : « Vous venez me faire la guerre dans mon pays. » — « Je viens au milieu de votre peuple, lui dis-je, profiter de votre liberté dont je vous félicite : mon entreprise l'intéresse, je lui demande son adhésion ; de la vôtre, je me passerai. Je sais que je serai attaqué officiellement ; mais ce sera mon meilleur moyen de réussite. Vous-même, et tous les grands ministres d'Angleterre, n'avez fait prévaloir le progrès qu'après des résistances énergiques. En Angleterre, on ne craint pas les attaques. »

Lord Palmerston me prit alors la main. — « Je suis charmé, me dit-il, de voir que vous ne m'en voulez pas. » — « Au contraire ; vous m'avez parlé de ma propagande qui vient attaquer votre politique dans votre propre pays, je vais faire

publier celle que je vous ai faite dans 22 meetings en Angleterre, en Irlande et en Ecosse. »

Pour cette publication, je me suis adressé au premier édi-
teur de Londres, lui demandant la note des dépenses. Le
lendemain, il me présentait une note en tête de laquelle je
voyais : tant pour attaquer l'ouvrage. Je sautai en l'air, il
me répondit : « Vous vous adressez à moi parce que vous pensez
que je puis vous faire réussir. C'est ainsi que j'ai fait ma
fortune. »

Je dis encore à lord Palmerston : « Sachez que chaque discours que vous ferez contre moi me donnera des millions
lorsque je ferai la souscription en France. Si j'étais assez
riche pour vous donner 100,000 francs par chaque discours
que vous prononceriez au Parlement contre mon entreprise,
et que vous fussiez homme à les recevoir, je vous les donne-
rais. »

Ceci montre qu'il faut prendre les hommes comme ils sont.
En France, les ministres s'occupent trop des attaques dont
ils sont l'objet; il faut qu'ils fassent les affaires du pays sans
s'inquiéter du reste. De cette manière, ils auront toujours le
pays pour eux.

J'ai été ensuite à Vienne, à Berlin, en Russie, à Venise, à
Trieste, à Barcelone, où j'ai trouvé un accueil enthousiaste
et enfin à Marseille où le Canal a reçu une véritable ovation.
Cette propagande a donné à mon entreprise la popularité qui
devait la faire réussir.

Profitant alors de l'adhésion publique, je me décidai à
ouvrir une souscription. On prétendait que l'on ne pourrait même pas trouver 30 millions, et il en fallait 200
pour commencer. On me disait qu'il fallait d'abord m'adres-
ser à des banquiers. J'allai trouver les princes de la finance, avec
lesquels j'étais depuis longtemps en relations du monde. Ils
me firent le meilleur accueil, mais au bout du compte comme
il fallait avant tout leur assurer une commission d'usage de
5 pour 100 sur le montant de la souscription, c'est-à-dire dix
millions, seulement pour que l'on me prêtât des bureaux
sans prendre aucune responsabilité, je louai pour un mois,

à 1,200 francs, le rez-de-chaussée place Vendôme qui était libre par la liquidation du Grand-Central français : ce ne fut pas de l'argent perdu. En quinze jours, la souscription complète *était close.*

Tels sont les préliminaires de notre entreprise. Les 200 millions étant souscrits, nous avons formé la Société. C'était à la fin de décembre 1858. Au commencement de 1859, une commission composée de cinq administrateurs, de trois ingénieurs et d'un entrepreneur, se mit en route pour prendre possession de Port-Saïd et de toute la ligne du futur canal. Nous nous présentâmes chez le vice-roi, à Alexandrie, dans le moment où, pour échapper aux ennuis que lui causait l'opposition des agents de l'Angleterre, il avait décidé de se rendre dans la Haute-Egypte. Heureusement, nous étions arrivés trois jours avant l'époque fixée pour son départ. Toutefois, le prince nous reçut avec empressement. Cependant, comme je connaissais son embarras, au lieu de remettre en ses mains, dans la séance publique, la décision du Conseil d'administration qui nous donnait tout pouvoir pour prendre possession des terrains du Canal, je déposai cet acte sur un coussin du divan où le vice-roi était assis.

J'arrive au Caire où j'avais envoyé d'avance les ingénieurs : on m'annonça qu'il n'y avait pas de chameaux disponibles. « Par exemple, dis-je, il n'y a pas de chameaux en Egyte ! » Il nous en fallait quatre-vingts. J'étais dans une des salles de l'hôtel d'Orient, j'avais recommandé la patience à mon entourage. Il ne faut pas battre les Arabes, leur répétai-je, les Européens se le permettent trop facilement. On m'annonce que le chef des chameliers est dans une pièce voisine. Je lui demande pourquoi la caravane qui se prépare n'a pas de chameaux. — « Il n'y en a pas, me répondit-il. » — « Comment ! il n'y en a pas ! » Et alors, je l'avoue, je me suis porté à son égard à certaines extrémités. Cette scène fut suivie d'un ordre que j'obtins du gouverneur du Caire ; le chef des chameliers, récalcitrant, voulut nous accompagner lui-même et devint, par la suite, notre guide le plus fidèle.

Nous avons alors commencé notre excursion en longeant,

à partir du Caire, les terrains cultivés. Nous avons traversé le lac Menzaleh, lac qui est plein de poissons. Isafe dit que ce lac était le vivier des Pharaons. Il rend deux millions de francs de fermage au gouvernement. Le jour où l'on ouvrira la mer au sud d'Algérie, le capital employé dans l'entreprise trouvera une partie de sa rémunération dans les pêcheries.

Nous avons commencé par établir un phare, là où il y a aujourd'hui un port, des vaisseaux, une ville dont l'ingénieur Laroche a été le principal fondateur, avec son camarade Larousse. Nous avons fait les études nécessaires, et, après avoir placé d'abord notre administration à Damiette, sous les ordres de Voisin-Bey, ingénieur en chef des ponts et chaussées, directeur général des travaux, nous avons fondé notre centre d'opérations entre les lacs amers et le lac Timsah, à Ismaïlia. Les préparatifs des grands travaux ont duré jusqu'en 1860. Nous n'avions que neuf années devant nous pour l'ouverture du Canal à la grande navigation.

Je vais vous décrire la nature des travaux exécutés. Commençons par Port-Saïd.

Il était impossible d'empêcher les sables de voyager de l'ouest à l'est, et si la plus grande partie devait s'arrêter dans l'angle formé par la jetée et le rivage, nous savions qu'au bout d'un certain temps, il aurait fallu ou allonger la grande jetée ou employer un autre moyen pour empêcher les dépôts qui pourraient se former à l'entrée du chenal. Après beaucoup de tâtonnements, nous avons trouvé que le meilleur moyen pour nous débarrasser des sables était de balayer la mer.

Depuis 1869, la plage, à partir de la racine de la jetée, avait augmenté de 300 mètres. La jetée avait coûté 25 millions et s'il avait fallu l'allonger, les sommes à dépenser successivement auraient été incalculables, jusqu'au moment où l'allongement serait arrivé jusqu'à Chypre. Nous avons trouvé un meilleur moyen : c'est de construire des dragues comme des navires. Généralement, les dragues fonctionnent dans des eaux tranquilles : on n'avait pas encore songé à en établir qui pussent supporter des lames de un mètre comme les navires. C'est ce que nous avons fait : et depuis trois ans, nous enlevons en cinq mois d'été, tout ce que l'hiver nous a apporté. Dans beaucoup de ports, au lieu de faire des travaux coûteux, on ferait mieux d'avoir des dragues qui enlèveraient ainsi les galets et les sables. L'entrée du chenal à Port-Saïd est ainsi parfaitement entretenue. Il y a aujourd'hui un immense bassin avec de grands dépôts de charbon. Port-Saïd est un des dépôts les plus considérables qui existent; on peut y charger 3 à 400 tonnes de charbon en deux ou trois heures.

Dans la traversée du lac Menzaleh, il y avait de grandes difficultés pour enlever deux mètres de boue. Aucun instrument ne pouvait fonctionner utilement pour ce travail. Heureusement, nous avions une population habituée à vivre dans l'eau. Les pêcheurs du lac Menzaleh portant le limon sur leur dos ou sur leur poitrine, sont arrivés à creuser entre deux minces bourrelets un canal très-étroit, dans lequel nous avons introduit des barques et ensuite de petites dragues. On a dû faire ce travail sur un parcours de 44 kilomètres.

M. Lavalley est ensuite arrivé avec ses dragues à long couloir et il a assuré la traversée si difficile du lac Menzaleh.

Les bâtiments ont une largeur de 14 mètres au maximum. Le Canal a 100 mètres de large à la ligne d'eau, 26 au plafond et 44 dans les garages. Quand on me demande d'élargir le canal, je réponds qu'il ne devra jamais être élargi à la ligne d'eau, mais seulement au plafond, comme devant les gares.

Les navires les plus grands ont une largeur qui pourrait à la rigueur leur permettre de croiser sur une largeur de 70 à 100 mètres; mais comme il leur arrive de temps en temps de s'aborder et de couler en pleine mer, je suis d'avis qu'il ne faudra jamais leur permettre de se croiser dans le Canal, fût-il élargi de 400 mètres, ce qui serait parfaitement inutile. Or, depuis 1869, il n'est pas arrivé un seul abordage dangereux sur le Canal; jamais il n'y a eu d'arrêt dans la navigation. Lorsqu'il y a eu, par suite d'ouragans, quelques échouages de bâti-

ments poussés sur la berge, on y a toujours remédié à temps.
J'engage mes associés à ne jamais céder sur la question d'élar-
gissement.

Vous voyez, sur le plan, que nous avons, tous les 10 kilomètres, des garages qui permettent sans danger le croisement
des navires, et comme la marche est de 10 kilomètres par
heure, on n'éprouve quelquefois, avec notre excellent service
télégraphique, qu'une demi-heure d'arrêt. Ce n'est rien, sur
un trajet qui épargne 4,800 lieues pour le bassin de la Méditerranée, 3,200 pour le nord de l'Europe et 2,400 pour le
nord de l'Amérique.

On a prétendu que le droit de 10 fr. par tonne perçu par
la Compagnie était exagéré. D'abord, ce droit est réduit d'en-
viron moitié par un tonnage faux que nous avons été obligés
d'accepter, et, de plus, il ne représente pas 1 0/0 de la valeur
des marchandises qui transitent; et comme, depuis que le
Canal est achevé, les primes d'assurance ont diminué de 2 0/0,
il en résulte que le commerce ne fait aucune dépense en
prenant la voie du Canal.

Après la sortie du lac Menzaleh, vous voyez sur le plan la
grande gare de Kantara où se trouve la route éternelle de la
Syrie en Egypte, route où ont passé les philosophes et histo-
riens grecs Pythagore, Hérodote, Platon, Aristote; les
patriarches, Joseph, la sainte famille et tous les grands con-
quérants, Alexandre, César, Napoléon qui était accompagné,
en se rendant au siége de Saint-Jean-d'Acre, par le célèbre
chirurgien Larrey, dont je vois avec plaisir dans l'auditoire
le fils, mon savant confrère de l'Institut.

Après Kantara vous suivez sur le plan la ligne creusée à
travers les lacs Ballah qui, dans la saison des hautes eaux
du Nil, ont une légère couche d'eau sur un sol de plâtre. —
Vous traversez ensuite le seuil d'El-Guisr qui, sur une lon-
gueur de vingt kilomètres, est à vingt mètres de hauteur
au-dessus de la ligne d'eau. — Vous entrez dans le bassin de
Timsah, qui autrefois était à sec, et sur les bords duquel
nous avons fondé la ville d'Ismaïlia, devenue aujourd'hui le
point de jonction du canal entre Port-Saïd et Suez, du chemin

— 11 —

de fer d'Alexandrie et du Caire, ainsi que du canal d'eau
douce qui, partant du Caire, traverse Ismaïlia et contourne le
canal maritime jusqu'à Suez.

Le seuil du Sérapeum a été creusé par les dragues de
M. Lavalley, qui ont été introduites par une dérivation du
canal d'eau douce sur un plateau élevé naturellement à cinq
mètres au-dessus du niveau de la mer et qui ont travaillé sur
l'eau du Nil jusqu'à ce qu'elles soient arrivées au plan du
niveau de la mer.

Le grand bassin des lacs Amers vous présente une surface
qui était à sec six mois avant l'inauguration de novembre
1869 et qui a été successivement remplie de deux milliards de
mètres cubes d'eau, empruntés à la Méditerranée et à la mer
Rouge.

Pour creuser la tranchée entre les lacs Amers et Suez, il a
fallu employer la mine, des locomotives avec plans inclinés,
pour enlever du seuil de Chalouf un rocher très-dur qui se
trouvait sur un parcours de plusieurs lieues.

Enfin, les dragues à long couloir ont terminé le travail
jusqu'à la rade de Suez, devant laquelle nous avons constitué
sur les déblais retirés du fond de la mer un terre-plein où
vous voyez un établissement, une darse, des ateliers de ré-
parations, un quai garni d'arbres et de jardins autour des
maisons de nos employés et de nos pilotes.

Tel est le Canal que vous avez sous les yeux. Il a 162 kilomètres et est parcouru par les plus grands navires dans une
moyenne de 16 à 18 heures.

Autour du plan du Canal, vous voyez des tableaux représentant les courbes des passages des navires. Ces tableaux
attirent l'attention du nombreux public qui vient visiter notre
Exposition, dans cette maison égyptienne, dont les plans
nous ont été donnés par le savant M. Mariette et comme
étant le seul spécimen d'une habitation particulière de la
vieille Egypte avant la venue d'Abraham, sous la treizième
dynastie des Pharaons.

Paris. — Typ. A. Pougin, 13, quai Voltaire. — 12280

33

ORIGINAL EN COULEUR
NF Z 43-120-8

www.ingramcontent.com/pod-product-compliance
Lightning Source LLC
Chambersburg PA
CBHW060723280326
41933CB00013B/2537

* 9 7 8 2 0 1 2 7 8 6 7 0 7 *